Anselmo Fracasso

Consejos para padres

Editorial **LUMEN**
Viamonte 1674 (1055)
☎ 373-7446 / 814-4310 / 375-0452 / (54-1) 375-0453
Buenos Aires • República Argentina

Colección Minilibros de autoayuda

Los textos de este libro
fueron extraídos de
Ayuda a tu hijo a ser feliz.

ISBN 950-724-465-4

El diálogo, la conversación, el intercambio de ideas entre padre e hijo crea un ambiente de amistad. El joven tiene su modo propio de pensar y juzgar y desea ver sus ideas apreciadas y tomadas en consideración. El simple hecho de escuchar con paciencia hace que tu hijo se sienta valorizado, no sólo en su persona sino también en sus pensamientos, ideas y juicios. Saber oír es valorizar la persona de tu hijo.

Muchos desencuentros surgen porque los padres no saben escuchar.

Aprende a dialogar con calma con tu hijo y a dar valor a sus ideas, y él será mucho más dócil y menos rebelde.

La incapacidad de diálogo pone una barrera entre padres e hijos, haciendo difícil la mutua comprensión.

Tu hijo precisa ser escuchado con paciencia y amor. Tú que eres padre o madre nunca pierdes por saber escuchar.

* * *

Tu hijo no puede ser igual a ti. Él es diferente, tiene su forma propia de pensar, de sentir, de ver, de analizar, de juzgar y de razonar.

Va contra la naturaleza exigir que el hijo sea igual al padre en todo, que piense, vea y sienta de idéntico modo. Los padres no se repiten en la persona del hijo.

Sé abierto de corazón y de alma para admitir que tu hijo piense, sienta, vea y analice de modo diferente. Nunca podrás impedir despertar la personalidad de tu hijo. No hubo ni habrá jamás dos mentalidades idénticas, ni siquiera entre padres e hijos.

Trata de comprender y aceptar que tu hijo piense y sienta de forma diferente a la tuya. Ámalo así como es y no como te gustaría que fuese.

* * *

El desahogarse es una necesidad psicológica de toda persona. Tu hijo muchas veces está psicológicamente agobiado y siente la necesidad de desahogarse. Precisa decir lo que siente.

Escucha con paciencia y benevolencia su desafío, aunque hable en forma agresiva e irritada.

Aprende a escuchar con paciencia y atención el desahogo de tu hijo y evitarás muchas discusiones, desavenencias y contrariedades.

Deja que tu hijo diga todo lo que siente y, cuando esté calmo, estará en condiciones de razonar y reconocer el error.

Comparte las dudas, angustias y problemas de tu hijo y él será tu amigo.

* * *

Saber escuchar en silencio es una virtud que los padres también deben tener. Antes de contradecir a tu hijo, escucha, analiza y trata de comprender lo que él quiere decir. Y después habla, pero con amor.

Cuando los padres se precipitan en responder o en contradecir al hijo, pueden cometer una injusticia o interpretar de modo incorrecto, y esto suscita la rebeldía del hijo.

Deja que tu hijo hable y oiga pacientemente, y sólo después habla, analiza, medita y dialoga con él.

Una persona irritada no está en condiciones de oír y comprender.

* * *

Deja que tu hija hable, sólo escucha. Después dialoga calma y serenamente con ella. Tal vez ella diga muchas cosas equivocadas, pero analizándolo bien encontraremos muchas verdades entre los errores.

Apreciar y valorizar lo bueno da mejores resultados que señalar y condenar de inmediato lo equivocado. A nadie le gusta ser refutado y censurado al instante.

Muchos padres no defienden la verdad, pero sí sus puntos de vista para que prevalezcan sobre los puntos de vista de sus hijos.

El hijo no es un adversario a combatir, sino un amigo a conquistar. Y para conquistar nada mejor que saber oír.

* * *

Tu hijo precisa consejos y recomendaciones,

pero deben ser bien dosificados, dados con amor y bondad. Una andanada de consejos y recomendaciones irrita y satura. El exceso, en lugar de producir efectos positivos, trae resultados negativos.

Da a tu hijo los consejos más útiles y prácticos, no los más agradables. Dale un consejo como una sugerencia y no como una imposición.

* * *

No se puede pretender que un niño piense y actúe como un adulto. Es un error pedagógico y altamente perjudicial para el desarrollo normal del niño.

Deja que tu hijo piense y viva de acuerdo con su edad. Nunca le exijas la perfección del adulto. No se le puede dar a un lactante alimentos sólidos, de la misma forma que no se puede exigir a un niño que viva, piense y sienta como un adulto.

Deja al niño dentro de su mundo infantil. Evita que participe de los problemas e inseguridades de los adultos.

Lo que le interesa a un adulto no siempre despierta interés en un niño. Cada cual tiene sus intereses de acuerdo con su edad y desarrollo mental. Es el adulto el que debe descender al mundo del niño y no el niño subir al mundo de los adultos.

Los padres que participan de los juegos de los hijos crean entre ellos un óptimo clima de amistad, confianza y sana intimidad.

Desciende al mundo de tu hijo, participa de sus juegos y crecerán lazos de afectividad y unión. Él precisa de tu compañía, de tu presencia, también en las horas de juego y no sólo en las horas de estudio y de reprensión.

* * *

¡Cuántos jóvenes aún no descubrieron el verdadero sentido de la vida! Viven y no saben por qué. Estamos en este mundo para amar y hacer el bien, el amor nos une unos a otros y todos unidos amaremos a Dios. El amor siempre trae unidad y conlleva a hacer obras de bien. Una vida sin amor es una vida vacía y sin sentido.

La vida nos es dada para crecer siempre más en el amor y para engrandecernos a través de la práctica del bien.

* * *

El hijo tiene necesidad de sentirse amado, querido y deseado. No basta con darle casa, comida, ropa, paseos, dinero y colegio. Su corazón también tiene mucha sed y hambre de amor, cariño y comprensión. Y cuando no lo recibe, se siente frustrado, alterado e insatisfecho. Los bienes materiales sólo satisfacen el cuerpo. El alma y el corazón sólo se satisfacen con amor y cariño.

Muchos jóvenes van a buscar fuera de casa el amor y cariño que no encuentran en sus padres. Y esto es desastroso.

Muchas veces los padres se quejan de que los hijos salen mucho de su casa y no perciben que son ellos los culpables, porque no les dan lo que más necesitan: amor y cariño.

Cuando los hijos se sienten bien no buscan tanto la calle.

* * *

Educar no es sólo combatir el mal, señalar y censurar los errores; educar es sobre todo incentivar el bien, impartir buenas costumbres, valorizar las buenas obras y estimular.

El exceso de críticas y de censuras elimina el incentivo y el deseo del bien. Pero apreciar y valorizar las cosas buenas estimula y anima a proseguir el camino del bien y a mejorar. El exceso de críticas y censuras lo vuelve inseguro, angustiado y alterado.

Señala con amor los errores de tu hijo, aprecia sus virtudes, incentiva el bien y valoriza sus buenas acciones.

Que la crítica, la censura y la represión sean siempre constructivas y no destructivas. Que sean siempre positivas y no negativas.

Recordar errores pasados y ya perdonados, desestimula y desanima. No es agradable oír siempre la misma queja, oír siempre la misma melodía de las personas que persisten en tocar la misma tecla.

Olvida los errores cometidos por tu hijo en el pasado e incentiva el bien en el presente, valorizando sus buenas acciones, por pequeñas que sean.

Y así, si él fuera malo, tratará de ser bueno, y si fuera bueno se esforzará para ser mejor.

* * *

El desprecio desanima, desalienta y desestimula. Mata la esperanza y un joven sin esperanza es una vida sin rumbo.

Anímalo, estimúlalo y aliéntalo. Sólo así será algo en la vida.

Un padre nunca debe despreciar al hijo.

Enséñale a confiar en sí mismo, en sus propias fuerzas, en su valor y capacidad.

* * *

Los padres deben educar la voluntad de los hijos y sus sentimientos. Preparar a un hijo para la vida no es satisfacer todas sus voluntades y todos sus caprichos.

Enseña a tu hijo a renunciar y a oír "no".

No impongas la renuncia, pero llévalo a aceptarla libremente.

Señala la razón del renunciar, su valor y necesidad para la vida.

Si no aprende ahora a decir no a lo permitido, luego no sabrá decir no a lo prohibido.

El exceso de mimos echa a perder a los niños; los hijos muy mimados sufren mucho en la vida. Vivirán siempre alterados e inseguros.

El exceso de mimos y de censuras, críticas y castigos es la principal causa de inseguridad en los jóvenes. Los grandes hombres de la historia soportaron pruebas y privaciones en la vida. Poco se puede esperar de los hombres que nunca supieron lo que son privaciones, renuncias y sacrificios.

Los que reciben todo en la infancia no sabrán dar nada como adultos.

* * *

La cólera es nociva para la educación de los hijos. La ira nos lleva a decir palabras sin pensar y a actuar irreflexivamente.

El hablar sin pensar y el actuar sin reflexionar pueden lastimar, herir, ofender y llevar a cometer injusticias.

Habla con tu hijo con calma y ten actitudes ponderadas.

La cólera, la ira, la falta de dominio pueden hacer que se cometan desatinos.

Muchos padres, llevados por la ira del momento, hieren el corazón de los hijos con palabras semejantes a éstas:

"Tú no sirves para nada." "Maldita la hora en que te engendré." "Tú eres la vergüenza de la familia." "Tú no vales nada." "¡Tú eres un hijo indigno!"

Después, cuando estás calmo, reflexionas y

te arrepientes. Pero será demasiado tarde. Las palabras ya fueron dichas y el corazón de tu hijo ya fue herido.

Piensa antes de hablar y reflexiona antes de actuar.

A un corazón herido siempre le queda una cicatriz.

No hables sin pensar y sin medir el alcance de tus palabras.

No hagas un gesto sin medir las consecuencias.

Tu hijo es un tesoro que merece todo el amor, respeto y cariño; es un tesoro de la vida entregado en las manos de los padres.

* * *

Tirano es el hombre que no conoce otra ley que la de sus propios caprichos. Hay muchos padres que son tiranos porque no admiten que sus hijos puedan pensar, sentir y actuar de forma diferente.

Respeta su voluntad y él respetará la tuya.

Respeta los pensamientos e ideas de tu hijo y él respetará los tuyos.

Respeta los actos de tu hijo y él respetará los tuyos. Es preciso aceptar que el hijo es diferente del padre.

* * *

¿Tú quieres que tu hijo venza en la vida?

Entonces valoriza sus pensamientos, sus realizaciones, sus conquistas, sus estudios, su persona.

Desde temprana edad es preciso acompañar los progresos y conquistas de tu hijo; anímalo en las horas de desaliento, incentívalo en los momentos difíciles, oriéntalo en la vacilación, esclarécele las dudas, ayúdalo en las horas difíciles y levántalo con amor en las caídas.

Tenle confianza y él confiará en la vida.

Dale valor a la persona de tu hijo y él tendrá ánimo para luchar.

Al no manifestar interés y alegría por los buenos resultados obtenidos por los hijos, los padres cortan las alas de su entusiasmo.

Los niños tienen la necesidad de compartir con los padres sus realizaciones y conquistas, se desaniman y decepcionan cuando los padres no les dan el debido valor y atención.

Comparte siempre las alegrías de tus hijos y manifiesta interés por todas sus realizaciones.

Es una falta primaria de psicología decir al hijo: "Tú no hiciste más que tu deber."

* * *

El secreto que un hijo confía al padre o a la madre debe ser como una piedra lanzada al mar. Se esconde en el fondo, nadie la ve, descubre, conoce.

Sé siempre discreto, guarda en lo profundo del corazón el secreto de tu hijo. La confianza, una vez perdida, difícilmente se recupera.

Un joven comienza a desorientarse desde el momento en que pierde la confianza en sus padres. Mientras los hijos confíen en los padres, tendrán siempre una luz que los ilumine, una guía que los conduzca y una brújula que los oriente.

* * *

La mejor escuela de la vida es el ejemplo de los padres. Los hijos precisan más los ejemplos que las enseñanzas.

Los padres no les pueden exigir virtudes y cualidades que ellos no tienen.

Vigilando sus propias obras, los padres estarán construyendo la moral de sus hijos.

¿Qué ejemplos les das?

¿A ti te gustaría que tus hijos hicieran lo que tú haces?

* * *

La misión de los padres es orientar, esclarecer, amar, comprender, incentivar. Actuar así es darle la oportunidad a tu hijo para que se afirme en la vida. El amor que los hijos reciben de los padres y la confianza que éstos depositan en ellos es para los jóvenes un seguro amparo de vida.

En el transcurso de la vida, tu hijo estará en alguna tempestad: dificultades, privaciones, injusticias, incomprensiones, ingratitudes, etc. Feliz de él si pudiera permanecer calmo, confiado según la orientación recibida de los padres y apoyado en los ejemplos que recibió de ellos.

Prepara a tu hijo para enfrentar calmo y sereno las dificultades que le reserva la vida. Transmítele lecciones útiles y sabias.

El caudal de virtudes que adquiera ahora será el sustento durante toda su vida.

* * *

No le des al niño todo lo que quiere; se volverá caprichoso, obstinado y más tarde se rebelará delante de un rechazo y todo lo que no consigue.

Los padres que satisfacen en todo la voluntad del hijo, cometen un gravísimo error.

Hay hijos que son verdaderos tiranos de los padres, tiranos que los propios padres crean.

La voluntad de los hijos debe ser formada y orientada, no sólo atendida.

* * *

Nadie es perfecto en este mundo.

Censura y corrige a tu hijo en privado y eso te dará mejores resultados. Las censuras y correcciones hechas en público dan rabia, humillan y no inculcan deseos de mejorar.

El elogio se puede hacer en público; la censura y el castigo, en privado.

El castigo nunca debe parecer una humillación o una venganza.

* * *

No exijas a tu hijo más de lo que él puede dar. En los estudios obtendrá los resultados de acuerdo con su capacidad intelectual y no las exigencias de sus padres. Cada cual hace lo máximo dentro de sus límites. No se les puede exigir a todos el mismo grado de rendimiento.

Las derrotas y los fracasos son parte de la vida. No prepares a tu hijo sólo para las conquistas y los éxitos, sino también para soportar una derrota y un fracaso; para que la persona pueda enfrentar con coraje las dificultades sin desalentarse y sin perder la voluntad de luchar y vencer.

Exigir sólo éxitos y conquistas es exigir lo imposible.

Para que madure es preciso que conozca la amargura de una derrota y que sienta el gusto amargo de un fracaso.

* * *

Educar no sólo es impedir las caídas, sino que es, sobre todo, orientar a tu hijo para que siempre se levante después de cada caída. Lo peor no está en caer. Permanecer en el piso es peor que la propia caída.

Haz que tu hijo reconozca la equivocación y después anímalo a que la repare y a salir de ella.

* * *

Si tú gritas e insultas, tu hijo vivirá triste, y nada más triste que dos ojitos apagados en el rostro de un niño.

Tu hijo precisa de alegrías para vivir feliz. Él sólo estará alegre si en su casa encuentra un ambiente calmo, bueno y pacífico.

En la persona del padre y de la madre cada hijo debe encontrar a un amigo, un compañero, un confidente.

Con gritos no se educa a nadie.

Un alma sin alegría es una casa vacía y oscura. Un niño sin alegría ya vive la vejez en la infancia.

* * *

¿Qué es actuar libremente?

Actuar libremente es asumir la responsabilidad individual en la vida. Es pensar en el propio perfeccionamiento, pensando en el bien que se hará a los otros.

Enseñar al hijo a ser libre es llevarlo a asumir responsabilidades en todos sus actos, a responder por lo que hace mal y por el bien que deja de hacer. Es preparar al hijo para vivir en la Tierra haciendo el bien.

Enseña a tu hijo a conjugar cada paso en la

Tierra con los designios divinos. Con trabajo honesto y responsable, él trabaja para la construcción de un mundo de Dios.

Ser útiles en la vida es obtener el máximo de rendimiento con las energías de que dispones.

En la lucha de la vida vale más apaciguar al opositor que vencer la oposición. Prepara a tu hijo para ser libre y responsable y lo estarás preparando para la vida.

* * *

Ejercer autoridad no es contradecir al hijo en todo, imponiendo el modo de pensar y la voluntad de los padres.

La contradicción sistemática es una debilidad y no una fuerza.

No se trata de convencer al hijo en su modo de querer y pensar, pero sí de orientarlo. Es preciso conquistarlo y no vencerlo. Si tú vences a tu hijo lo perderás, pero si lo conquistas lo ganarás.

Haz que tu hijo sea un aliado y obtendrás de él colaboración y buena voluntad. Educar no es sólo combatir los errores y las faltas, sino que es señalar y cultivar las buenas cualidades latentes.

Si tú quieres plantar un jardín alrededor de tu casa, no basta con arrancar los yuyos, sino que también es necesario plantar buenas semillas y cultivar las flores.

No basta con corregir las equivocaciones de tu hijo. En la vida no basta con evitar el mal. Es preciso hacer el bien.

* * *

¿Tú quieres que tu hijo obedezca y tenga disciplina? Entonces trata de que acepte la autoridad paterna por amor. Mandar no es imponer humillando sino pedir sugiriendo.

Reflexiona antes de mandar, pide con amor y luego mantén la orden dada.

No des órdenes despóticas, sino que sugiere el camino a seguir.

En la vida siempre habrá tropiezos, fracasos y derrotas.

Siguiendo su curso, el río comienza a cantar cuando encuentra piedras en su camino. Aprendiendo a enfrentar las dificultades de la vida aprendemos a vivir.

Cada fracaso debe representar el inicio de un nuevo esfuerzo.

No llores delante de aquello que la vida te niega, pero alégrate delante de todo lo que consigues.

Haciendo a tu hijo alegre, tú tendrás más alegría.

Haciendo a tu hijo feliz, tú tendrás más felicidad.

Quien no ha aprendido a sufrir una derrota se vuelve arrogante, egoísta y malo.

* * *

¿Qué es vivir? Vivir es amar haciendo el bien.

Si tu hijo no encontró sentido en la vida, es porque tú no le enseñaste a amar y a hacer el bien.

Una vida sin amor y sin deseo de hacer el bien es como un barco perdido en alta mar, sin rumbo y sin destino.

¿Qué haría un ciego sin guía y que haría un joven sin amor?

¿Que sería de la Tierra sin la luz y el calor del Sol? ¿Y qué sería de la vida sin la luz y el calor del amor?

Una vida sin amor y sin hacer el bien es un día sin Sol y una noche sin estrellas.

* * *

Para educar no basta con señalar los errores, gritar, censurar y castigar. Corregir no es condenar. Lo más importante es usar la comprensión y la bondad. Con bondad, cariño y comprensión se consigue mucho más que con exceso de castigos y censuras. El hijo debe sentirse amado a pesar del error cometido.

Los padres deben dirigirse al hijo en lenguaje normal. Los niños quieren ver a los padres como personas adultas: que actúan como adultos, que piensan como adultos y que tienen actitudes de adultos. Muchas veces los niños retroceden en el lenguaje para atraer la atención de los padres.

Nunca te burles ni te rías de los defectos de tu hijo.

Los niños sienten la necesidad de estar con otros niños. Precisan vivir, jugar, conversar con niños de su edad.

El niño que vive sólo en un medio de adultos, tiene una infancia alterada. Claro que los padres deben escoger, seleccionar los compañeros de los hijos, vigilar y saber con quiénes andan, que hacen y dónde están. Un buen compañero es un valor positivo, un mal compañero es un destructor.

Favorece las buenas amistades para tu hijo.

* * *

En la hora de las comidas, sobre todo, debe haber un ambiente de paz y serenidad. La conversación debe ser alegre, agradable y suave.

La hora de las comidas no es el momento preciso para saldar cuenta con los hijos, hacer escenas, censurar, castigar, etc.

La comida debe ser un acto comunitario y toda la familia debe participar. Hay que hacer lo posible para evitar escenas y discusiones en esa hora.

No es conveniente aislar a los niños de los adultos durante la comida.

* * *

Desde los primeros años de edad, los niños empiezan a preguntar, quieren saber el porqué de todo. Indagan por la causa de las cosas y la motivación de los hechos. Con el paso del tiempo el niño ya no acepta la realidad como un hecho consumado, quiere saber el porqué, la causa, la razón de todo.

Toma siempre en serio las preguntas de tu hijo y trata de responder siempre dentro de la verdad. No juegues con sus preguntas.

Responde con simplicidad, naturalidad y dentro de la verdad a todas las preguntas que te hace. Así los hijos confiarán en los padres y en las horas de dudas y angustias sabrán a quién recurrir.

Si tu hijo no confía en ti, confiará en otras personas fuera del hogar y esto puede ser desastroso.

* * *

Un joven quiere saber la razón de las cosas, no acepta sólo porque el padre lo quiera así. Un joven quiere saber de esta o aquella imposición, de esta o de aquella orden.

El padre no debe imponer, sino sugerir dando una justificación, explicando la razón de su modo de actuar.

El joven se rebela contra todo lo que los padres o maestros imponen.

No le gusta hacer nada obligadamente. Desea hacerlo libremente.

El joven reacciona siempre delante de las imposiciones, sean éstas justas o no.

Los golpes estimulan la agresividad. Pegándole a tu hijo, le enseñas a ser agresivo.

La paliza más perjudicial es la dada en los momentos de descontrol y nerviosismo.

Muchos padres descargan en la casa todos los inconvenientes que tuvieron en la calle, en los negocios y en la vida profesional. Hay padres que entran en la casa con estas recomendaciones: "¡Cuidado conmigo que hoy estoy nervioso! ¡No me molesten porque estoy cansado!"

Así introduce en el ambiente desconfianza y miedo.

Esta actitud produce un reflejo negativo en el alma del niño, que desea encontrar en el padre un amigo y no un verdugo a quien temer.

Una palmada dada en la hora exacta y con la justa medida puede ser benéfica; no le hace mal a nadie.

Para desarrollarse bien, el niño precisa paz, armonía, amor y, sobre todo, del ejemplo de los padres.

Los padres deben estar al servicio de los hijos y no éstos al servicio de los padres.

El hijo no es simplemente un juguete para que los padres se diviertan.

El egoísmo de los padres aumenta la sensación de abandono en los hijos.

El mal ejemplo de los padres corrompe, el buen ejemplo dignifica y ennoblece.

La agresividad de los padres aumenta la agresividad de los hijos.

La bondad y la paciencia de los padres aumenta la bondad y la paciencia de los hijos.

Muchas veces el niño crece agitado e intranquilo por participar mucho en la vida y en los problemas de los adultos.

Que los padres pongan mucho cuidado para no transferirle al alma de los hijos sus ansiedades, problemas y aprehensiones.

* * *

El mundo de los hijos no es el de los padres. Mientras el hijo es pequeño, permanece unido a los padres y cerca de ellos. Pero al irse desarrollando, comienza a desligarse de la familia. Surge la necesidad del contacto con otras personas de la misma edad, fuera del hogar. Es natural que existan rebeldías y choques con los padres. La moderación de los choques depende mucho de la actitud comprensiva de los padres. Los padres deben dialogar y no tanto imponer su voluntad.

Los padres autoritarios y coercitivos provocan muchas rebeldías en los hijos jóvenes.

Educar no es poner al hijo en una cajita de cristal tratando de inmunizarlo contra los peligros; educar es enseñarle al hijo a vivir la vida real.

Es preciso crear condiciones de seguridad en cuanto al futuro. Para realizarse en la vida, no es preciso hacer fortuna. Enséñale a tu hijo a sentirse realizado en la vida aunque no haga fortuna.

Ser padre o madre es introducir al hijo en todos los aspectos de la vida. Son los padres los que introducen al hijo en el mundo, la sociedad y la vida.

* * *

Toda persona siente la necesidad de contacto y de convivencia, porque el hombre es sociable por naturaleza. La conversación, el diálogo, es la mejor forma de comunicación entre los hombres y entre padres e hijos.

Infelizmente, se ha suprimido el diálogo en gran parte de la vida del hogar. El centro de interés no es más la familia sino la televisión.

La mejor forma de entrar en contacto con los hijos es conversar, dialogar, intercambiar ideas con ellos.

El diálogo implica el derecho de hablar y el deber de escuchar.

Es urgente introducir en el hogar el clima de diálogo, de conversación entre padres e hijos y la comunicación de los hijos entre sí. La falta de comunicación es consecuencia de la ausencia del amor.

Los jóvenes necesitan conversar con los adultos. En los más viejos, los jóvenes podrán encontrar seguridad y orientación, y aprender de la experiencia de los adultos. El hogar debe ser un ambiente agradable donde reine la calma, la alegría y la comunicación.

Aprende a oír a tu hijo y a conversar con él.

Un clima de amor genera un ambiente de paz, armonía y equilibrio.

La grandeza del amor de los hijos depende de la grandeza del amor de los padres.

* * *

El joven que se contenta con lo mínimo, nunca será nada en la vida. Contentarse con la mediocridad es decirle adiós al progreso.

Es necesario luchar para conseguir lo máximo dentro de las posibilidades de cada uno y no sólo para realizar el mínimo necesario.

No exijas que tu hijo haga más de lo que puede y no colabores para que se contente con el mínimo de rendimiento, por debajo de su capacidad real. Útil es el hombre que hace el máximo dentro de sus posibilidades.

* * *

Tu hijo sabrá perdonar si encuentra en el padre un ejemplo de perdón. El amor siempre encuentra razones para perdonar; el egoísmo busca pretextos para condenar.

Sabe perdonar los errores de tus hijos y ellos sabrán perdonar a los demás.

Sin la virtud del perdón, no es posible la vida en común con amor.

Todos tenemos defectos, debilidades, imperfecciones, errores y fallas. Y si no sabemos perdonarnos unos a otros, la vida en común será un martirio.

Enséñale a tu hijo a perdonar y a tolerar a los otros, así como a él le gustaría ser perdonado y tolerado.

En el matrimonio, en la familia, en la vida en común, siempre surgen conflictos y malentendidos.

Enséñale a tu hijo, ahora, a perdonar al hermano, al compañero, al profesor, para que más tarde pueda perdonar al cónyuge.

La bondad, la amabilidad y la virtud del perdón se aprenden en la escuela del amor.

La mejor lección de perdón es el ejemplo de los padres que saben perdonar.

* * *

Desde chico tu hijo debe aprender a asumir la responsabilidad de sus actos. Ser responsable por el bien que se hace, el mal que se practica y el bien que se deja de hacer.

El bien que se deja de hacer puede ser una falta aún más grave que el mal que hacemos.

No dejes que tu hijo eche las responsabilidades de sus actos sobre los hombros del hermano o de otra persona.

Sólo se vuelve libre el joven que es responsable.

El desordenado vendió la responsabilidad y por eso perdió la libertad, pues se volvió esclavo de sus propias pasiones y caprichos.

El exceso de indulgencia se vuelve cómplice de la irresponsabilidad.

* * *

Hay padres que les dan a los hijos libertad total y otros que hacen todo lo contrario. Ambos excesos son perjudiciales. El primero conduce a la anarquía y el segundo a la rebeldía.

La libertad se debe dar de acuerdo con la responsabilidad. Cuanto más responsable sea el joven, tanto mayor podrá ser su libertad. Cuanto menos responsable se muestre, menor deberá ser la libertad que se le da.

Un joven irresponsable no tiene derecho a la libertad porque no es capaz de ser libre.

La función de la autoridad paterna no es abusar y coartar la libertad, sino orientar, dirigir, y apoyar la libertad que le va dando al hijo.

Cuanto más responsable sea, más libre podrá ser mañana. La libertad debe ser discretamente controlada.

Los hijos muchas veces se rebelan porque los padres no explican las actitudes que asumen y no dan razones sobre sus exigencias e imposiciones.

Si tú le exiges una renuncia a tu hijo, explícale por qué debe renunciar.

Si tú pides un sacrificio, dile las razones del pedido.

La frustración aparece cuando los padres imponen, exigen y mandan sin dar motivos o razones.

Tanto el pedido como la motivación deben ser siempre dados con amor.

* * *

La adolescencia es tiempo de rápidos noviazgos. El adolescente se acerca fácilmente a alguien. Hay una rápida fijación afectiva por el otro. Repentinamente todo se acaba y el noviazgo termina. Los muchachos se quedan tristes y las muchachas lloran y se ponen melancólicas. En esta etapa el adolescente necesita desahogarse. Confía en los padres y se desahoga con ellos.

Hay padres que hacen poco, no le dan importancia y lo que es peor, les hace gracia y lo ridiculizan. Tal actitud ofende profundamente al adolescente. Él se encierra y nunca más confiará en los padres ni se desahogará con ellos.

Toma siempre en serio los pequeños dramas emocionales de tus hijos. Los adolescentes quieren ser tomados en serio.

Los padres deben ser siempre los primeros confidentes. Los adolescentes necesitan de mucha comprensión, de apoyo y bondad. Precisan sentir que pueden confiar en los padres, en cualquier circunstancia de la vida.

Muchos padres, en lugar de ser confidentes y amigos, se vuelven jueces severos e implacables. Esta actitud aleja a los hijos de los padres.

Tu hijo no precisa de un juez que lo castigue y condene, sino de un amigo que lo comprenda y oriente con bondad.

* * *

Debido a que los padres no les permiten a los hijos tener novio, surgen los llamados noviazgos clandestinos que representan una serie de peligros y pueden traer consecuencias desagradables. Los jóvenes precisan tener novio. Tienen ese derecho.

Preparar a un hijo para el amor no es prohibirle noviazgos, sino enseñarle a enamorarse. Es ayudarlo a elegir bien, a elegir una persona correcta, más o menos de la misma edad y del mismo nivel social y cultural.

No son los padres los que eligen a los novios para sus hijos, pero los orientan para que elijan correctamente.

* * *

Es claro que los padres deben vigilar a los hijos, pero discretamente, casi imperceptiblemente. La vigilancia evidente deprime y da rabia.

Confía en tu hijo en la medida en que él merece la confianza.

Si tú depositas confianza en tu hijo, él confiará en ti. Si hay un clima de mutua confianza, él no abusará de la libertad.

Si tú no confías en tu hijo, él terminará fingiendo.

Ayúdalo a que siempre aprenda una lección con los errores cometidos. Confía en él a pesar de las fallas que tiene.

* * *

No basta con amar a los hijos interiormente, es preciso manifestar externamente el amor que sentimos en el corazón. El hijo necesita sentirse integrado en la familia y que es el objeto del amor de sus padres. La certeza de que los padres lo aman y lo aprecian le da seguridad y estabilidad emocional.

La duda y la desconfianza de no ser amado por los padres vuelven al hijo inseguro, vacilante y triste.

Los jóvenes están sedientos de amor; si no lo encuentran en la casa, lo buscan fuera de ella.

Muchos noviazgos precoces o casamientos precipitados son ocasionados por falta de amor en la casa. Los hijos buscan en otros el amor que no encuentran en los padres.

* * *

Un ambiente frío, sin afectividad, hace que el hijo se sienta como extraño a la familia. No siente la proximidad de los padres. Para impedir que esto ocurra, es indispensable mantener un contacto afectivo y personal con él. Un contacto a través de la conversación leal y del diálogo sincero y franco.

El diálogo entre padres e hijos debe ser, sobre todo, un encuentro de almas y corazones. Es necesario que haya una convivencia de corazones y no sólo de cuerpos.

* * *

Educar, formar un hijo para la vida, es prepararlo para el amor responsable y llevarlo a recorrer el camino del bien. La educación del hijo comienza con el ejemplo de los padres. No basta darle al hijo los mejores colegios y los profesores más renombrados, si en la escuela del hogar él no recibe la enseñanza de los ejemplos de los padres.

Se decía antiguamente que la escuela sólo completaba la educación que el niño recibía en el hogar. Debería ser realmente así. Pero, infelizmente, sucede lo contrario. En lugar de que colegio complete la educación recibida en el hogar, muchas veces la familia destruye todo lo bueno que el hijo aprende en la escuela. El mal ejemplo de los padres neutraliza las buenas lecciones de la escuela.

Un pastor inglés, muy preocupado por la educación y orientación de los jóvenes, insistía siempre a los padres que se preocuparan por la educación positiva y práctica de los hijos. Siempre insistía sobre la necesidad de educar bien a los hijos. Pero los padres no le prestaban mucha atención. Las palabras positivas del pastor no encontraban eco en el alma de los padres. Éstos continuaban cometiendo los mismos errores.

Cierto día, el pastor decidió cambiar de actitud. Tal vez, provocando un *shock* en los pa-

35

dres, podría obtener mejores resultados.

A la semana siguiente, cuando los fieles estaban reunidos para el culto religioso, el pastor distribuyó a los padres una hoja mimeografiada, que decía:

SI TÚ QUIERES QUE TU HIJO SEA, HOY O MAÑANA, UN CRIMINAL, HAZ LO SIGUIENTE:

1. Dale a tu hijo todo lo que quiera.

2. No le des a tu hijo ninguna educación espiritual.

3. No señales los errores que comete.

4. Junta todo lo que deja tirado en el piso, libros, cuadernos, ropa, zapatos, juguetes, etc.

5. Deja que tu hijo lea todo material impreso que llega a sus manos.

6. Pelea y discute, frecuentemente, en su presencia.

7. Dale todo el dinero que pida.

---

8. Satisfácele todos los caprichos en materia de comida, bebida y comodidad.
9. Toma siempre partido por tu hijo en conflictos con la policía, profesores, vecinos y otras personas.
10. Cuando tu hijo se meta en alguna pelea más seria, discúlpalo siempre con las siguientes palabras: "Este niño siempre fue imposible, él es así."

Educar es enseñar al hijo a vivir. Ayuda a tu hijo a ser feliz, ayudándolo a amar. En el amor él tendrá vida, y en la vida con amor será siempre feliz.

Otras obras de
Anselmo Fracasso
en esta editorial

- **Familia feliz**

  Para vivir en paz y armonía

- **Ayuda a tu hijo a ser feliz**

- **El arte de vivir feliz**

- **Gotas de vida**

- **Lo que los ojos no ven**

  La fuerza mental del optimismo

Minilibros de autoayuda

Primeros títulos

• *La felicidad eres tú*	A. de Mello
• *Vivir con alegría*	T. de Calcuta
• *¡Libérate!*	A. de Mello
• *Cómo alcanzar la sabiduría*	R. Tagore
• *El amor vence al dolor*	G. Jurjevic
• *El amor, esa maravilla*	A. de Mello
• *Para lograr la paz*	M. Gandhi
• *Combatiendo los miedos*	A. de Mello
• *Verdad y perfección*	M. Gandhi
• *Qué es el amor*	M. Gandhi
• *El camino del guerrero*	G. Jurjevic
• *El sentido de la vida*	T. de Calcuta
• *El amor y la infancia*	R. Tagore
• *El supremo bien*	R. Tagore
• *Consejos para padres*	A. Fracasso
• *Aforismos para la vida I*	A. Fracasso
• *Aforismos para la vida II*	A. Fracasso
• *Ejercicios de superación*	A. de Mello
• *El círculo principio-fin*	G. Jurjevic
• *Lo efímero y lo eterno*	G. Jurjevic

Se terminó de imprimir en el mes de noviembre de 1995
en el Establecimiento Gráfico **LIBRIS S.R.L.**
MENDOZA 1523 (1824) • LANÚS OESTE
BUENOS AIRES • REPÚBLICA ARGENTINA